Cuando Sea Grande

PUEDO SER UN ASTRONAUTA

Alex Appleby
Traducido por Eida de la Vega

Gareth Stevens PUBLISHING

Please visit our website, www.garethstevens.com. For a free color catalog of all our high-quality books, call toll free 1-800-542-2595 or fax 1-877-542-2596.

ISBN 9781538251201 (pbk.)

First Edition

Published in 2020 by
Gareth Stevens Publishing
111 East 14th Street, Suite 349
New York, NY 10003

Translator: Eida de la Vega
Editor: Ryan Nagelhout
Designer: Sarah Liddell

Photo credits: Cover, p. 1 (astronaut) glenda/Shutterstock.com; cover, p. 1 (stars) Procy/Shutterstock.com; p. 5 njaj/Shutterstock.com; p. 7 bikeriderlondon/Shutterstock.com; p. 9 iurii/Shutterstock.com; p. 11 Jacobs Stock Photography/Photographer's Choice/Getty Images; p. 13 vicspacewalker/Shutterstock.com; pp. 15, 24 (rocket) Fer Gregory/Shutterstock.com; p. 17 NASA/Handout/Getty Images News/Getty Images; p. 19 Michael Dunning/ Photographer's Choice/Getty Images; pp. 21, 24 (Earth) mrgao/iStock/Thinkstock.com; p. 23 Space Frontiers/ Stringer/Archive Photos/Getty Images; p. 24 (moon) hkeita/iStock/Thinkstock.com.

Printed in the United States of America

CPSIA compliance information: Batch #CS15GS: For further information contact Gareth Stevens, New York, New York at 1-800-542-2595.

Contenido

¡Me encanta
el espacio!

¡Quiero ir ahí!

Muchas personas han viajado al espacio. Son astronautas.

Cuando crezca,
quiero ser astronauta.

Moon
Astronaut

Se entrenan mucho.

Viajan al espacio
en un cohete.

Estudian cosas
en el espacio.

¡Algunos fueron a la Luna!

Vieron la Tierra
desde muy lejos.

¡Quiero ir
a otros planetas!

Palabras que debes saber

(el) cohete

(la) Luna

(la) Tierra

Índice